101 preguntas y curiosidades sobre animales

Soledad Gopar

Ilustraciones de
Elizabeth Mallet

 el gato de hojalata

Dirección editorial:
María José Pingray

Edición:
Soledad Gopar

Diseño:
Soledad Calvo

Ilustraciones:
Elizabeth Mallet

Corrección:
Pamela Pulcinella

Producción industrial:
Aníbal Álvarez Etinger

101 preguntas y curiosidades sobre animales / coordinación general de María José
Pingray ; editado por Soledad Gopar. - 1a ed. - Ciudad Autónoma de Buenos
Aires : El Gato de Hojalata, 2021.
64 p. ; 17 x 24 cm.

ISBN 978-987-797-691-5

1. Libro de Entretenimientos. I. Pingray, María José, coord. II. Gopar, Soledad, ed.
CDD 793.21

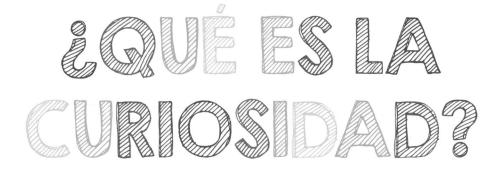

¿QUÉ ES LA CURIOSIDAD?

Es volver a mirar eso que nos llama la atención y no dar nada por hecho. La curiosidad nos permite conocer el mundo que nos rodea como si lo viéramos por primera vez; mirar con lupa, indagar, preguntar, comparar y comprobar que todo es más extraordinario de lo que parece *a primera vista*.

En este libro, hemos viajado por la tierra, el mar y las montañas e incluso a través de los desiertos para recoger tantas preguntas ingeniosas como pudimos.

Acompáñanos en nuestra expedición por un mundo de preguntas con respuestas que te asombrarán y que podrás compartir con tus amigos y tu familia.

¡Sé un explorador del mundo, un experto en curiosidades!

En las últimas páginas encontrarás un cuestionario que podrás resolver con todos los datos sorprendentes que has descubierto.
¡Tú eres el experto!
Obtén tu diploma de EXPERTO EN CURIOSIDADES
SOBRE ANIMALES.

ÍNDICE

campo / pradera

¿Cómo sabes la edad de un caballo? 6
¿Por qué el toro es un gran observador? 7
¿Cómo vuelan los pájaros? 8
¿Cómo hacen música los grillos? 9
¿Quién empieza su vida con un salto? 10
¿Quién tiene una casa de papel? 11
¿Por qué apestan los zorrinos? 12
¿Cómo ven los murciélagos sin luz? 13
¿Por qué las arañas tejen telas? 14
¿Quién tiene la casa con puerta trampa? 15

selva / sabana / desierto

¿Por qué tienen manchas los leopardos? 16
¿Cuánta velocidad desarrolla un guepardo? 17
¿Cuánto puede saltar un canguro? 18
¿Por qué los canguros tienen bolsa? 19
¿Por qué las jirafas tienen cuello largo? 20
¿Cómo puede vivir un camello sin agua? 21
¿Quién tiene la lengua más larga que la cola? 22
¿Quién es el pájaro mejor vestido? 23
¿Por qué saca la lengua la serpiente? 24
¿Cómo se mueven las serpientes? 25

océano / mar / río

¿Por qué cantan las ballenas? 26
¿Cuánto pesa el bebé más grande? 27
¿Por qué los pulpos son aviones a chorro? 28
¿Qué es un coral? 29
¿Cómo encuentran alimento los tiburones? 30
¿Qué diferencia hay entre tiburones y delfines? 31
¿Cómo respiran los peces bajo el agua? 32

¿Qué diferencia hay entre sapos y ranas?................................33

¿Qué animal remonta las cataratas?................................34

¿Qué animal camina sobre el agua?................................35

POLO

¿Cómo es el pelaje del oso polar?................................36

¿Quién camina con raquetas de nieve?................................37

¿Por qué los pingüinos no pueden volar?................................38

¿Quién mantiene un huevo caliente con sus patas?................................39

¿Cómo saben las aves adónde ir?................................40

¿Por qué los animales duermen en invierno?................................41

¿Cómo se llama el «unicornio marino»?................................42

¿Quién es un experto en buceo?................................43

¿Quién es familiar de los delfines?................................44

¿Cuánto miden los colmillos de las morsas?................................45

Prehistoria

¿Cuál es el ADN más antiguo del mundo?................................46

¿Qué estatura tenía el antepasado del rinoceronte?................................47

¿Por qué se cree que existió un tiburón con alas?................................48

¿Quién tenía dientes de sable?................................49

¿Cuánto medía el primer antepasado del caballo?................................50

¿Cómo se llamaba la libélula gigante?................................51

¿Qué apariencia tenía el dodo?................................52

¿Cuánto pesaba el oso cavernario?................................53

¿Dónde habitaba el león marsupial?................................54

¿Qué animal tiene el nombre de un barco?................................55

Cuestionario................................56

Respuestas................................60

Los datos más curiosos................................62

Diploma................................63

1 ¿CÓMO SABES LA EDAD DE UN CABALLO?

Los caballos comen, sobre todo, forraje, es decir, heno, alfalfa, paja o pasto. El masticar estas plantas duras, por supuesto, desgasta los dientes. Los expertos pueden deducir la edad de un caballo observando el desgaste de sus dientes cuando envejecen.

2 SABÍAS QUE...

Al menos una vez al año, los caballos deben visitar al dentista para el control y la salud de su dentadura.

3 SABÍAS QUE...

Se cree que el toro embiste cuando ve el color rojo, pero no hay pruebas que indiquen con certeza que pueda distinguir este color en particular.

4 ¿POR QUÉ EL TORO ES UN GRAN OBSERVADOR?

Los toros tienen un campo visual muy amplio, aumentado por la forma alargada de su pupila, que les permite ver prácticamente 300 grados... ¡sin siquiera mover la cabeza! Además, poseen una percepción auditiva de hasta 8000 Hz, cuando en los seres humanos es de... ¡1000 a 3000 Hz!

5 ¿CÓMO VUELAN LOS PÁJAROS?

Cuando los pájaros suben y bajan sus alas, se están empujando por el aire. Obtienen fuerza vertical, así como una fuerza de empuje que les permite moverse hacia adelante. Esto los cansa, así que ahorran energía deslizándose y dejándose llevar por las corrientes de aire.

6 SABÍAS QUE... ?!

Solo el colibrí vuela hacia atrás. También hacia adelante, de costado y boca abajo.

7

SABÍAS QUE... ?!

A las termitas les gusta comer la madera de los pisos y atraen a su pareja golpeando las mandíbulas. Más asombroso es lo que sucede en Australia: las termitas construyen nidos en forma de montículos... ¡que se elevan hasta los seis u ocho metros de altura!

8

¿CÓMO HACEN MÚSICA LOS GRILLOS?

El grillo macho toca su cuerpo como un violín. Usa las patas traseras como arco, rascándolas contra sus alas para hacer un fuerte sonido chirriante. Lo hace para atraer a su compañera o alejar a otros machos.

campo

9 ¿QUIÉN EMPIEZA SU VIDA CON UN SALTO?

Los patos salvajes a menudo anidan en agujeros en los árboles, por eso sus pichones salen del cascarón muy lejos del suelo.
Cuando su madre los llama, saltan y caen al suelo. Son tan livianos que aterrizan sanos y salvos.

10 SABÍAS QUE... ?!

Antiguamente, se escribía con plumas de pato, cisne, cuervo o pavo. Se elegían las plumas más fuertes y resistentes, que recordaban a las cañas con las que escribían los antiguos egipcios sobre papiros o cerámica.

11 SABÍAS QUE...

Hay 1000 especies de avispones en el mundo. Muchas de ellas viven en Australia y América del Norte.

12

¿QUIÉN TIENE UNA CASA DE PAPEL?

El nido del avispón tiene paredes de papel. Lo hace masticando fibras de madera, que arranca de las plantas o de la corteza de los árboles. Extiende la mezcla en finas capas para construir el nido.

campo

13 ¿POR QUÉ APESTAN LOS ZORRINOS?

Si un zorrino se siente amenazado por un depredador, le lanza un fluido pestilente y pegajoso a los ojos. El líquido huele tan mal, que descompone al atacante y le permite al zorrino huir.

14 SABÍAS QUE... ?!

A los mosquitos les atrae el olor de los seres humanos. Para elegir a sus «víctimas» utilizan una serie de información sensorial, como el olor, la temperatura y la humedad corporales. ¡Algunos les resultamos más sabrosos que otros!

15 ¿CÓMO VEN LOS MURCIÉLAGOS SIN LUZ?

Los murciélagos vuelan y encuentran alimento a oscuras. Lo hacen usando ondas sonoras: emiten sonidos agudos con la boca y la nariz que rebotan contra los objetos sólidos o contra las ramas de los árboles y vuelven como eco hacia el animal. Este fenómeno es conocido con el nombre de *ecolocalización*. ¡Por eso no se chocan con nada!

16 SABÍAS QUE...

Los murciélagos vampiros son los únicos mamíferos que se alimentan solo de sangre. Viven en grupos de 100 y... ¡pueden beber la sangre de 25 vacas en un año!

17 ¿POR QUÉ LAS ARAÑAS TEJEN TELAS?

La telaraña o tela que teje la araña, segregando un hilo muy tenue, suave como la seda, sirve para atrapar a su alimento. Cuando un insecto entra en la tela, la araña teje a su alrededor y vierte sobre él jugos que lo transforman en una masa líquida. ¡Después lo toma como una bebida!

18 SABÍAS QUE...

El diseño de la telaraña es muy resistente, incluso a los fuertes vientos. Las propiedades únicas de su seda permiten que se rompa un solo hilo para que el resto se mantenga ileso. ¡Son grandes ingenieras!

19 SABÍAS QUE...

?!

Todas las arañas hilan sedas, pero no todas lo hacen para capturar a sus presas. La araña escupidora captura insectos lanzándoles una goma esponjosa.

20 ¿QUIÉN TIENE LA CASA CON PUERTA TRAMPA?

La madriguera o cueva donde habita la araña trampera tiene una puerta con bisagra de seda que se abre y se cierra. La araña se esconde dentro de la madriguera y espera. Cuando siente la vibración causada por el paso de un insecto u otra presa, abre la puerta, salta y lo atrapa.

21 ¿POR QUÉ TIENEN MANCHAS LOS LEOPARDOS?

Las manchas o motas del leopardo lo ayudan a esconderse entre los árboles o arbustos para poder saltar y sorprender a su presa. Las manchas claras y oscuras de su pelaje se parecen a las manchas de luz y sombra del follaje.

22 SABÍAS QUE...

La piel de algunos animales que viven en lugares fríos es marrón en verano y blanca en invierno. Eso hace más difícil verlos cuando la nieve cubre el suelo. Así, se protegen de posibles depredadores: ¡se vuelven casi invisibles!

23 SABÍAS QUE... ?!

Los guepardos usan sus zarpas o garras para aferrarse al suelo y empujarse cuando corren. Los corredores olímpicos usan púas en la suela de su calzado deportivo para el mismo fin.

24 ¿CUÁNTA VELOCIDAD DESARROLLA UN GUEPARDO?

Un guepardo hambriento puede correr a más de 100 kilómetros por hora tras una presa. Es el mamífero terrestre más rápido del mundo y es capaz de hacer giros rápidos e inesperados debido a su gran agilidad. Pero correr a tanta velocidad lo cansa pronto y debe detenerse a alimentarse.

25

¿CUÁNTO PUEDE SALTAR UN CANGURO?

¡Un canguro grande puede saltar por encima de tu cabeza! Lo máximo que ha saltado un canguro son 3 metros. Sus grandes y fuertes patas traseras lo ayudan a empujarse y saltar tan alto.

26 SABÍAS QUE... ¿?!

¡Una pulga puede saltar más de 100 veces su propia altura! La cabra azul del Himalaya es capaz de brincar de acantilado en acantilado y de colina en colina. ¡Campeones de salto!

27 SABÍAS QUE...

La hembra del cocodrilo lleva a sus bebés en la boca; con mucho cuidado para no morderlos con sus dientes afilados.

28

¿POR QUÉ LOS CANGUROS TIENEN BOLSA?

La bolsa o marsupio es un lugar seguro para que crezca el bebé. Un cangurito recién nacido tiene apenas el tamaño de un maní o cacahuate. Avanza a través de la piel de su mamá hasta que llega a su cálida bolsa. Allí, se alimenta de su leche y sigue creciendo sano y protegido.

29 ¿POR QUÉ LAS JIRAFAS TIENEN CUELLO LARGO?

Su característico cuello, largo y moteado, les permite comer las hojas más altas de los árboles. ¡Alimento fresco que otros animales no pueden alcanzar!

30 SABÍAS QUE...

La lengua de la jirafa mide medio metro de largo, una de las más largas del reino animal. Es negra porque posee una pigmentación con alto contenido de melanina que le brinda una alta protección ante la radiación del sol.

Existen dos tipos de camellos: el camello bactriano asiático, con dos jorobas, y el dromedario del Cercano Oriente y norte de África, con una sola.

32

¿CÓMO PUEDE VIVIR UN CAMELLO SIN AGUA?

Sin agua, los camellos pueden sobrevivir días o semanas, si encuentran suficientes plantas jugosas que comer. Además, en su característica joroba almacenan hasta un poco más de 30 kilogramos de grasa, que pueden convertir en agua y en energía cuando no disponen de alimento. Ahora bien, cuando un camello bebe... ¡puede ingerir 100 litros en 10 minutos!

33 ¿QUIÉN TIENE LA LENGUA MÁS LARGA QUE LA COLA?

La lengua pegajosa del camaleón no es solo más larga que su cola, sino que ¡es más larga que todo su cuerpo! La lanza con increíble rapidez y la enrolla sobre un sabroso insecto.

34 SABÍAS QUE...

Muchas lagartijas pueden desprenderse de su cola cuando son atacadas. Una nueva cola les crece tras unas semanas.

35 ¿QUIÉN ES EL PÁJARO MEJOR VESTIDO?

Las aves del paraíso machos lucen hermosas plumas durante la temporada de celo. Cuando aparece una hembra, todos los machos se cuelgan cabeza abajo para mostrar su asombroso plumaje. Es un concurso de belleza y la hembra elige como compañero al pájaro con mejores plumas.

36 SABÍAS QUE...

La cacatúa de las palmas macho atrae a la hembra tocando el tambor. Toma un palito en una pata y lo golpea contra un leño. ¡Todo un músico!

37 ¿POR QUÉ SACA LA LENGUA LA SERPIENTE?

Cuando la lengua de la serpiente entra y sale, capta aromas en el aire. La lengua nos lleva a una zona sensible en el paladar que saborea el aire. Estos sensores envían mensajes al cerebro de la serpiente, diciéndole si hay cerca suyo un compañero, alimento o... ¡un enemigo!

38 SABÍAS QUE...

Aunque tienen mala vista, las víboras pueden cazar en oscuridad total. Sienten el calor del cuerpo de un animal cercano y alcanzan a su presa con asombrosa precisión.

39

SABÍAS QUE... ?!

Las víboras se pueden doblar y torcer porque su columna vertebral tiene cientos de vértebras unidas como una cadena. Algunas de ellas pueden trepar árboles: se enrollan al tronco y poco a poco van subiendo... ¡como un acordeón!

40

¿CÓMO SE MUEVEN LAS SERPIENTES?

Una forma de moverse es lanzando su cuerpo hacia delante en zigzag. Recostándose contra las piedras, se fuerzan hacia adelante y hacia atrás.

41 ¿POR QUÉ CANTAN LAS BALLENAS?

Las ballenas son grandes conversadoras. Braman, gruñen, aúllan y ¡burbujean! para encontrar a otras ballenas y enviarles mensajes. Las ballenas jorobadas macho cantan largas melodías, que repiten horas o días enteros. Es probable que con su canto busquen atraer a una compañera y ¡enamorarla!

42 SABÍAS QUE...

Cada pájaro tiene su propia canción. Las aves se reconocen por su canto, al igual que los seres humanos reconocen a otros por su voz.

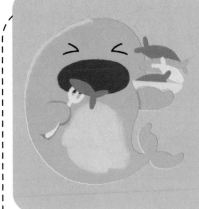

43
SABÍAS QUE... ?!

Los bebés de la ballena azul aumentan 90 kilos por día. Se vuelven las criaturas más grandes del mundo: pesan alrededor de 130 toneladas.

44 ¿CUÁNTO PESA EL BEBÉ MÁS GRANDE?

La ballena azul tiene una cría de 2000 kilos y 7 metros de largo. Un bebé humano, en promedio, pesa 3,2 kilos y mide 50 centímetros al nacer.

45 SABÍAS QUE... ?!

Algunas clases de peces pueden «caminar».
El pez rubio, que se destaca por sus
hermosas alas de mariposa, tiene
también un par de largas aletas
delgadas bajo su cuerpo.
Las utiliza para trepar por
el fondo del océano.

46 ¿POR QUÉ LOS PULPOS SON AVIONES A CHORRO?

Los pulpos, calamares, sepias y bivalvos usan propulsión
a chorro para moverse. Los pulpos bombean agua
hacia adentro, por medio de sus branquias —órgano
respiratorio que tienen la mayoría de los animales
acuáticos—, y la expulsan por un tubo carnoso llamado
sifón. Para doblar, apuntan el sifón en diferentes
direcciones.

47

¿QUÉ ES UN CORAL?

Los *arrecifes de coral* crecen en aguas poco profundas en las zonas más cálidas del mundo. El coral lo forman millones de animalitos que dejan sus duros esqueletos al morir. Las capas se apilan y forman lentamente la roca de coral.

48 SABÍAS QUE... ?!

El arrecife de coral más grande del mundo es la Gran Barrera en Australia. Se extiende por más de 2000 kilómetros y se puede observar desde... ¡el espacio!

49 ¿CÓMO ENCUENTRAN ALIMENTO LOS TIBURONES?

Los tiburones huelen la sangre en el agua a cientos de metros. También perciben las pequeñas cantidades de electricidad que emiten los seres vivos. ¡Un tiburón puede detectar el latido de un pez a un metro de distancia!

50 SABÍAS QUE...

Ciertas clases de tiburones tienen filas de dientes de repuesto y pueden llegar a tener 30 000 dientes durante toda su vida.

51 ¿QUÉ DIFERENCIA HAY ENTRE TIBURONES Y DELFINES?

Pertenecen a dos grupos de animales muy diferentes. Los delfines son mamíferos, es decir, respiran aire por sus pulmones y amamantan a sus bebés. Los tiburones son peces, por eso respiran por branquias y usan aletas para moverse.

52 SABÍAS QUE...

¡Aunque no nos parecemos a los delfines, los humanos también somos mamíferos! Son animales que, como nosotros, se comunican con habilidad, pueden cooperar entre ellos y resolver problemas. ¡Son muy inteligentes!

$$+\frac{5}{7}$$
$$\overline{12}$$

53 ¿CÓMO RESPIRAN LOS PECES BAJO EL AGUA?

A diferencia de los seres humanos, que respiramos oxígeno del aire, los peces lo toman del agua. Tragan agua que pasa por aberturas del costado de su cuerpo, llamadas *branquias*. Dentro de ellas, el oxígeno pasa del agua a la sangre del pez.

54 SABÍAS QUE...

No todas las criaturas marinas respiran bajo el agua. Los lobos marinos, las focas y los delfines respiran aire y tienen que subir a la superficie a inhalarlo.

55 SABÍAS QUE...

?!

Las ranas y los sapos son anfibios. Significa que tienen sangre fría, espina dorsal, y que viven gran parte de su vida en el agua y sobre la tierra.

56 ¿QUÉ DIFERENCIA HAY ENTRE SAPOS Y RANAS?

Las ranas tienen piel tersa, lisa y sin arrugas, y patas largas para saltar. Los sapos, en cambio, tienen piel verrugosa y cuerpos cortos y gruesos.

57

¿QUÉ ANIMAL REMONTA LAS CATARATAS?

El salmón atlántico pasa la mayor parte de su vida en el mar, pero cuando es la época de reproducción, es decir, el momento en el que tiene cría, vuelve al río donde nació. Nada contra la corriente del río y hasta puede subir y «escalar» … ¡las cataratas!

58

SABÍAS QUE...

Algunos salmones atlánticos nadan y remontan 3200 kilómetros para regresar al río donde nacieron.

59 SABÍAS QUE... ?!

La lagartija Jesucristo corre tan rápido que puede cruzar ríos y lagos sin hundirse. Es físicamente muy similar a la iguana.

60

¿QUÉ ANIMAL CAMINA SOBRE EL AGUA?

Las efímeras son insectos diminutos que... ¡caminan sobre el agua! Pero no podrían hacerlo sin una fuerza llamada *tensión superficial*, que tensa la superficie del agua, formando encima una delgada «piel» elástica.

61

¿CÓMO ES EL PELAJE DEL OSO POLAR?

Debajo de su tupido manto de pelo blanco, que lo aísla del frío, el oso polar tiene una gruesa capa de piel negra que atrae y mantiene mejor la radiación solar. Esta ayuda a mantener el calor del cuerpo.

62 SABÍAS QUE...

Los osos polares pueden nadar grandes distancias a través del hielo y sus aguas heladas. Son nadadores muy fuertes y hábiles debido a las grandes patas delanteras que utilizan para... ¡remar!

63 SABÍAS QUE...

Las madrigueras u hogares subterráneos de los zorros árticos están cubiertos con maravillosos jardines de hierbas de duna, matorrales y flores silvestres amarillas. ¡Se cree que son excelentes jardineros!

64 ¿QUIÉN CAMINA CON RAQUETAS DE NIEVE?

Para adaptarse a las estaciones frías y nevadas, algunos animales desarrollan pelo en las patas para tener mayor aislamiento del frío y moverse con mucha fuerza. El zorro ártico es uno de ellos: ¡sus patas cubiertas de piel son como raquetas de nieve con las que avanza por el terreno invernal con mayor facilidad!

65 ¿POR QUÉ LOS PINGÜINOS NO PUEDEN VOLAR?

Los pingüinos no pueden volar porque sus alas son muy pequeñas para mantener sus pesados cuerpos en el aire. Pero nadan y bucean muy bien, ¡son grandes nadadores! En el agua, utilizan sus alas como aletas.

66 SABÍAS QUE...

El ave más grande es el avestruz. Es demasiado grande para volar, pero puede correr dos veces más rápido que los corredores olímpicos más veloces. ¡Siempre tendría el primer puesto!

67

SABÍAS QUE...

Un pingüino emperador puede retener el aliento por aproximadamente 20 minutos cuando se zambulle a pescar.

68

¿QUIÉN MANTIENE UN HUEVO CALIENTE CON SUS PATAS?

Todos los años en el invierno de la Antártida, la hembra del pingüino emperador pone un huevo y se lo da a su compañero para que lo mantenga caliente. Él lo mueve entre sus patas y plumas hasta que está listo, al comenzar la primavera.

69 ¿CÓMO SABEN LAS AVES ADÓNDE IR?

En otoño, los días refrescan y se acortan. Para los pájaros migratorios, aquellos que se trasladan a zonas más cálidas, es señal de que pronto deberán irse hacia otros lugares. Se guían por el Sol, las estrellas y marcas terrestres para volar en la dirección correcta.

70 SABÍAS QUE...

La Antártida se vuelve tan fría que algunos pingüinos migran hacia el norte, a América del Sur. No vuelan, claro, ¡nadan!

71

SABÍAS QUE...

A muchos animales les crece un pelaje grueso en invierno para ayudarlos a sobrevivir al frío extremo. El suave pelaje interno del buey almizclero del Ártico lo aísla de temperaturas... ¡de -45 grados centígrados!

72

¿POR QUÉ LOS ANIMALES DUERMEN EN INVIERNO?

Para algunos animales, dormir es la mejor forma de sobrevivir al hambre durante la escasez de alimento en el invierno. Las ardillas y algunos osos comen todo lo que pueden durante el otoño, y después hibernan, lo que también se conoce como *sueño invernal*, en algún lugar seguro hasta la próxima primavera.

73 SABÍAS QUE... ?!

El uso de *drones* ha permitido saber más sobre los narvales al poder observarlos en su hábitat congelado: usan su cuerno también como picahielos, para defenderse o como instrumento de ecolocación, es decir, para poder ubicarse y saber adónde ir.

74 ¿CÓMO SE LLAMA EL «UNICORNIO MARINO»?

El narval, conocido por su único cuerno, ha sido un animal rodeado de misterio. ¡Incluso se ha dudado de su existencia!
Hoy se lo ha podido estudiar y se sabe que su cuerno es en realidad un colmillo que usa para cazar peces.

75 ¿QUIÉN ES UN EXPERTO EN BUCEO?

Las focas arpa pasan la mayor parte de su tiempo nadando y buceando en aguas heladas. Suelen cazar peces y crustáceos hasta una profundidad de 90 metros y sumergirse hasta 300 metros. ¡Buzos expertos que pueden permanecer debajo del agua durante 15 minutos!

76 SABÍAS QUE...

En aguas más cálidas, el buzo inglés Gary Grayson se encontraba nadando cuando una amistosa foca gris se le acercó. Tomó la mano del buzo para que... ¡le rascara la panza! Este video se hizo viral y dio la vuelta al mundo.

77 ¿QUIÉN ES FAMILIAR DE LOS DELFINES?

Las orcas marinas son, en realidad, ¡delfines!, aunque comúnmente se las considera ballenas. Estos gigantes pesan alrededor de 5000 kilogramos y pueden crecer hasta más de 9 metros de longitud, ¡como un autobús!

78 SABÍAS QUE...

Los pueblos Yupik de Siberia creían que las orcas se convertían en ballenas durante el verano, pero eran lobos durante el invierno.

79 SABÍAS QUE... ?!

Una morsa se quedó dormida sobre un bloque de hielo en el Ártico y despertó en... ¡Irlanda! Su cama (¡un iceberg!) se desprendió del continente helado y viajó por accidente, donde fue rescatada para que pueda regresar a su hábitat natural.

80 ¿CUÁNTO MIDEN LOS COLMILLOS DE LAS MORSAS?

Tanto los machos como las hembras lucen estos largos colmillos blancos, que pueden alcanzar ¡el metro de largo! Los usan para sacar su enorme cuerpo del agua helada y también para abrir respiraderos en el hielo desde abajo.

81 ¿CUÁL ES EL ADN MÁS ANTIGUO DEL MUNDO?

¡El del mamut! Se han hallado fósiles de este gigantesco animal extinto en la Edad de Hielo en América del Norte, que parecen mostrar que su ADN sería... ¡el más antiguo del mundo! Los científicos examinaron tres dientes molares de mamuts, que un paleontólogo ruso encontró en Siberia en la década de 1970. Estiman que los dos dientes más antiguos tienen aproximadamente... ¡un millón y 1,2 millones de años!

82 SABÍAS QUE...

Los «cazadores» de colmillos de mamut... ¡no pierden las esperanzas, a pesar del frío! A veces, deben extraer un colmillo que asoma de un acantilado de hielo. Suelen dejar joyas de plata como ofrenda a los espíritus del lugar. ¡Algunos sienten un cosquilleo en sus manos antes de hallar un nuevo colmillo!

83

SABÍAS QUE...

Esta especie extinta medía cinco metros de alto más un cuello de unos dos metros de largo (sin contar su enorme cráneo). Las jirafas modernas miden entre cuatro y seis metros de alto, ¡de pie a cabeza!

84

¿QUÉ ESTATURA TENÍA EL ANTEPASADO DEL RINOCERONTE?

En China, se ha descubierto una especie de rinoceronte prehistórico que sería más alto... ¡que una jirafa moderna! Según el paleontólogo Pierre-Olivier Antoine, este gigante «habría sido capaz de comerse las flores del tercer o el cuarto piso de un edificio».

85

¿POR QUÉ SE CREE QUE EXISTIÓ UN TIBURÓN CON ALAS?

Un equipo de paleontólogos encontró en México los fósiles de una especie nueva, parecida a un tiburón, con aletas anchas. El cuerpo es aerodinámico como el del tiburón, pero con extrañas alas submarinas que utilizaba para deslizarse en el agua... ¡como una manta!

86

SABÍAS QUE...

Esta criatura marina fue bautizada con el nombre de *Aquilolamna milarcae*, que quiere decir algo similar a 'tiburón águila', debido a sus grandes aletas o alas. ¡El tiburón más extraño del mundo!

87 ¿QUIÉN TENÍA DIENTES DE SABLE?

El popular «tigre dientes de sable» o *Smilodon fatalis* era un depredador prehistórico, famoso por sus dientes afilados, con caninos... ¡de hasta 18 centímetros! Es uno de los íconos de la Edad de Hielo, como se puede ver en la película *La era del hielo*, en el personaje de Diego. Se cree que, además de sus extraordinarios dientes, tenía un sentido del olfato más desarrollado que los felinos modernos.

88 SABÍAS QUE...

Algunos científicos creen, a partir del análisis del esmalte de sus dientes, que el *Smilodon* se alimentaba de ciervos y tapires, más de que de bisontes u otros animales de gran tamaño.

89

SABÍAS QUE... ?!

Un dato interesante en la evolución de los equinos fue la disminución de la cantidad de dedos en las extremidades a medida que la especie evolucionaba. De cuatro dedos a tres y, luego, a un único dedo, hasta llegar al casco o pezuña que hoy conocemos, que les permite... ¡alcanzar mayor velocidad!

90 ¿CUÁNTO MEDÍA EL PRIMER ANTEPASADO DEL CABALLO?

¡Apenas de 30 a 60 centímetros de alto! El árbol genealógico del caballo se inicia con el *Hyracotherium* (también conocido como *Eohippus*), el primer equino del que se tiene conocimiento. Este animal vivió durante el Eoceno, es decir, ¡hace aproximadamente unos 55 millones de años!

91

¿CÓMO SE LLAMABA LA LIBÉLULA GIGANTE?

¡*Meganeura*! Era una especie de insecto, un artrópodo, que vivió hace 300 millones de años. Su apariencia era muy similar a la de las libélulas actuales, pero tenía el tamaño de... ¡un águila! ¿Sabes cuál era el largo de sus alas? ¡Se estima que eran enormes, claro, de aproximadamente 75 centímetros!

92 SABÍAS QUE...

Los científicos han encontrado algunas especies de *Meganeura* con alas de tamaños increíbles, ¡de hasta 2 metros de largo! Si estas suposiciones son ciertas, estos serían los insectos voladores de mayor tamaño en la historia.

prehistoria

93 ¿QUÉ APARIENCIA TENÍA EL DODO?

El dodo fue un ave de grandes dimensiones, que habitaba en la isla Mauricio. Su cuerpo era robusto, pero contaba con unas alas relativamente pequeñas que le impedían volar. Su cabeza era significativamente grande, con un pico muy característico, en forma de gancho. Hay numerosos bocetos del dodo, debido a la cantidad de fósiles hallados y al particular interés que el anatomista británico, Richard Owen, tenía por este antiguo animal.

94 SABÍAS QUE...

El tan querido personaje de Lewis Carroll en *Alicia en el País de las Maravillas*, el Dodo, se inspiró en el ave prehistórica, lo que aumentó el cariño hacia este extraño animal y le valió el reconocimiento en la cultura popular.

95 ¿CUÁNTO PESABA EL OSO CAVERNARIO?

El oso cavernario o *Ursus spelaeus* es un lejano ancestro del oso pardo moderno. Este gigante tranquilo y apacible podía llegar a pesar 500 kilos. Las hembras eran de menor tamaño (hasta 200 kilos), es decir, eran notablemente más pequeñas, lo que llevó a los científicos a pensar que se trataba de una especie diferente.

96 SABÍAS QUE...

Se cree que estos enormes osos cavernarios no solían atacar a otras criaturas. Principalmente, salían a buscar alimento y eran omnívoros. Como esta especie hibernaba, eran acechados por leones y hienas de las cavernas, con quienes compartían su hábitat.

97 ¿DÓNDE HABITABA EL LEÓN MARSUPIAL?

El *Thylacoleo carnifex* o león marsupial prehistórico habitaba en Australia. Si bien no era de gran tamaño para su época (pesaba de 100 a 160 kilos), tenía la ferocidad de un león africano actual de 250 kilos. Se alimentaba de grandes animales como el *Diprotodon spp.* y canguros gigantes. Según algunos hallazgos en cuevas, se cree que el león marsupial era un animal con un alto grado de sociabilidad.

98 SABÍAS QUE...

La cola del león marsupial, a diferencia de otros animales de la época, era fuerte y muy musculosa. Se piensa que esta característica era una ventaja: lo hacía más ágil en sus movimientos e incluso podía sostener su cuerpo con ella y sus patas traseras, mientras liberaba sus extremidades anteriores para escalar o manipular alimentos, como hacen otros marsupiales.

99 SABÍAS QUE...

Si bien su nombre pareciera decir lo contrario, se cree que el escorpión marino tenía un pequeño aguijón, pero sin glándula ponzoñosa. Es decir... ¡no tenía veneno! Una de sus características principales y que ha asombrado a científicos de todo el mundo era su gran tamaño, ya que podía llegar a medir aproximadamente... ¡1,5 metros!

100 ¿QUÉ ANIMAL TIENE EL NOMBRE DE UN BARCO?

El *Pentecopterus decorahensis* (o escorpión marino prehistórico) fue bautizado con este nombre debido a la similitud de la forma de su cuerpo con los antiguos barcos griegos. Estos barcos se llamaban *pentecónteros* porque eran impulsados por 50 remeros. Esta criatura marina vivió en los mares prehistóricos... ¡hace 460 millones de años!

CUESTIONARIO

¡Hola! ¡Qué viaje genial! Esperamos que te hayas divertido mucho con estas 101 PREGUNTAS Y CURIOSIDADES SOBRE ANIMALES. ¡Es momento de jugar y ver cuánto has aprendido!

Elige la respuesta correcta ✓

A. ¿CÓMO SABES LA EDAD DE UN CABALLO?

☐ POR EL LARGO DE SUS CRINES

☐ POR SUS DIENTES

☐ POR SU ESTATURA

B. ¿CÓMO HACEN MÚSICA LOS GRILLOS?

☐ CON SUS PATAS Y ALAS

☐ CON SUS MANDÍBULAS

☐ RASCANDO EL SUELO

C. ¿QUIÉN TIENE UNA CASA DE PAPEL?

☐ LA ARAÑA

☐ EL GRILLO

☐ EL AVISPÓN

D. ¿CÓMO VEN LOS MURCIÉLAGOS SIN LUZ?

- ☐ USAN ONDAS SONORAS PARA UBICARSE
- ☐ USAN SU SENTIDO DEL OLFATO
- ☐ POSEEN VISIÓN NOCTURNA

E. ¿POR QUÉ TIENEN MANCHAS LOS LEOPARDOS?

- ☐ PARA DIFERENCIARSE DE OTRAS ESPECIES
- ☐ PARA PROTEGERSE DEL FRÍO
- ☐ PARA ESCONDERSE DE SUS PRESAS

F. ¿CUÁNTO PUEDE SALTAR UN CANGURO?

- ☐ UN MÁXIMO DE 2 METROS
- ☐ UN MÁXIMO DE 3 METROS
- ☐ 10 VECES SU TAMAÑO

G. ¿QUIÉN ES EL PÁJARO MEJOR VESTIDO?

- ☐ EL PAVO REAL
- ☐ LA CACATÚA
- ☐ EL AVE DEL PARAÍSO

H. ¿POR QUÉ SACA LA LENGUA LA SERPIENTE?

- ☐ PARA ASUSTAR A SUS PRESAS
- ☐ PARA RESPIRAR MEJOR
- ☐ PARA SABOREAR EL AIRE

I. ¿CUÁNTO PESA EL BEBÉ MÁS GRANDE?

- ☐ 1000 KILOS
- ☐ 2000 KILOS
- ☐ 5000 KILOS

J. ¿QUÉ ES UN CORAL?

- ☐ UN EXTRAÑO CARACOL DE MAR
- ☐ MILLONES DE ANIMALITOS QUE SE ADHIEREN AL MORIR
- ☐ UN ALGA MULTICOLOR

K. ¿CÓMO RESPIRAN LOS PECES BAJO EL AGUA?

- ☐ A TRAVÉS DE ABERTURAS, LLAMADAS *BRANQUIAS*
- ☐ CON SUS PEQUEÑOS PULMONES
- ☐ TOMANDO AGUA POR LA BOCA

L. ¿POR QUÉ LOS PINGÜINOS NO PUEDEN VOLAR?

- ☐ SUS CUERPOS SON MUY PESADOS Y SUS ALAS, MUY PEQUEÑAS
- ☐ NO PODRÍAN SOPORTAR LOS FUERTES VIENTOS
- ☐ TEMEN A LAS ALTURAS

M. ¿CUÁNTO MIDEN LOS COLMILLOS DE LAS MORSAS?

- ☐ UN METRO DE LARGO
- ☐ DOS METROS DE LARGO
- ☐ NO POSEEN COLMILLOS

N. ¿QUIÉN TENÍA DIENTES DE SABLE?

- ☐ EL *EOHIPPUS*
- ☐ EL DODO
- ☐ EL *SMILODON*

Ñ. ¿DÓNDE HABITABA EL LEÓN MARSUPIAL?

- ☐ ISLA MAURICIO
- ☐ AUSTRALIA
- ☐ CHINA

RESPUESTAS

Aquí encontrarás las respuestas correctas
a cada pregunta del CUESTIONARIO.

Compara tus respuestas con las siguientes:

A. ¿CÓMO SABES LA EDAD DE UN CABALLO?
- [ ] POR EL LARGO DE SUS CRINES
- [x] POR SUS DIENTES
- [ ] POR SU ESTATURA

B. ¿CÓMO HACEN MÚSICA LOS GRILLOS?
- [x] CON SUS PATAS Y ALAS
- [ ] CON SUS MANDÍBULAS
- [ ] RASCANDO EL SUELO

C. ¿QUIÉN TIENE UNA CASA DE PAPEL?
- [ ] LA ARAÑA
- [ ] EL GRILLO
- [x] EL AVISPÓN

D. ¿CÓMO VEN LOS MURCIÉLAGOS SIN LUZ?
- [x] USAN ONDAS SONORAS PARA UBICARSE
- [ ] USAN SU SENTIDO DEL OLFATO
- [ ] POSEEN VISIÓN NOCTURNA

E. ¿POR QUÉ TIENEN MANCHAS LOS LEOPARDOS?
- [ ] PARA DIFERENCIARSE DE OTRAS ESPECIES
- [ ] PARA PROTEGERSE DEL FRÍO
- [x] PARA ESCONDERSE DE SUS PRESAS

F. ¿CUÁNTO PUEDE SALTAR UN CANGURO?
- [ ] UN MÁXIMO DE 2 METROS
- [x] UN MÁXIMO DE 3 METROS
- [ ] 10 VECES SU TAMAÑO

G. ¿QUIÉN ES EL PÁJARO MEJOR VESTIDO?
- [ ] EL PAVO REAL
- [ ] LA CACATÚA
- [x] EL AVE DEL PARAÍSO

H. ¿POR QUÉ SACA LA LENGUA LA SERPIENTE?
- [ ] PARA ASUSTAR A SUS PRESAS
- [ ] PARA RESPIRAR MEJOR
- [x] PARA SABOREAR EL AIRE

I. ¿CUÁNTO PESA EL BEBÉ MÁS GRANDE?

- ☐ 1000 KILOS
- ☑ 2000 KILOS
- ☐ 5000 KILOS

J. ¿QUÉ ES UN CORAL?

- ☐ UN EXTRAÑO CARACOL DE MAR
- ☑ MILLONES DE ANIMALITOS QUE SE ADHIEREN AL MORIR
- ☐ UN ALGA MULTICOLOR

K. ¿CÓMO RESPIRAN LOS PECES BAJO EL AGUA?

- ☑ A TRAVÉS DE ABERTURAS, LLAMADAS *BRANQUIAS*
- ☐ CON SUS PEQUEÑOS PULMONES
- ☐ TOMANDO AGUA POR LA BOCA

L. ¿POR QUÉ LOS PINGÜINOS NO PUEDEN VOLAR?

- ☑ SUS CUERPOS SON MUY PESADOS Y SUS ALAS, MUY PEQUEÑAS
- ☐ NO PODRÍAN SOPORTAR LOS FUERTES VIENTOS
- ☐ TEMEN A LAS ALTURAS

M. ¿CUÁNTO MIDEN LOS COLMILLOS DE LAS MORSAS?

- ☑ UN METRO DE LARGO
- ☐ DOS METROS DE LARGO
- ☐ NO POSEEN COLMILLOS

N. ¿QUIÉN TENÍA DIENTES DE SABLE?

- ☐ EL *EOHIPPUS*
- ☐ EL DODO
- ☑ EL *SMILODON*

Ñ. ¿DÓNDE HABITABA EL LEÓN MARSUPIAL?

- ☐ ISLA MAURICIO
- ☑ AUSTRALIA
- ☐ CHINA

¿CÓMO TE HA IDO? ¡SEGURO QUE MUY BIEN!

¡YA PUEDES COMPLETAR TU DIPLOMA!

ANOTA AQUÍ LOS DATOS MÁS CURIOSOS

ANIMAL

DATO:

ANIMAL

DATO:

ANIMAL

DATO:

SABÍAS QUE...

RÉCORD MUNDIAL

Jonathan es una tortuga que tiene...
¡190 años de edad! Es el animal terrestre
vivo más antiguo del mundo. Vive en
Santa Elena, una isla británica a más de
1800 kilómetros de la costa de Angola, en
África. Su cumpleaños establece un récord
histórico: se cree que
ha nacido alrededor
de 1832. ¡Se merece
un superpastel!

DIPLOMA

EXPERTO EN CURIOSIDADES SOBRE
ANIMALES

¡FELICITACIONES! Hemos observado el mundo animal por tierra y por mar, regiones polares e incluso hemos viajado a la prehistoria. ¡Eres un experto!

(TU NOMBRE)

FIRMA

FECHA

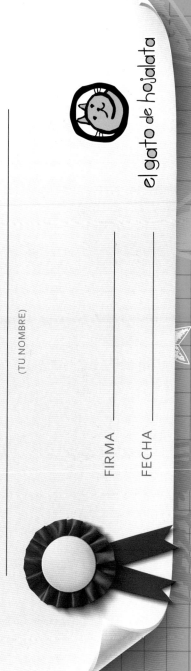

el gato de hojalata